EXPLICATION

DU

PLÉBISCITE

———

CIRCULAIRE

PAR

PAUL DE JOUVENCEL

DÉPUTÉ DE SEINE-ET-MARNE

———✖———

PARIS

IMPRIMERIE DE J. CLAYE

7, RUE SAINT-BENOIT, 7

—

AVRIL 1870

EXPLICATION

DU

PLÉBISCITE

Mes chers concitoyens,

On vous appelle à voter tous le 8 mai.

Sur quoi, et pourquoi ?

Un grand nombre d'entre vous ne le comprennent pas et me le demandent.

Je vais m'efforcer de vous l'expliquer.

J'y éprouverai quelques difficultés, car la question est faite de manière à embarrasser aussi bien les gens de bonne foi que les gens habiles ; et la réponse est en quelque sorte dictée autant que cela était possible, c'est-à-dire que ceux qui ont posé la question ont cru que, de cette manière, personne ne comprendrait le danger qu'il y aurait à dire **oui**, et que personne n'aurait le courage de dire **non**.

Vous savez comment est née la constitution de 1852.

Après avoir renversé la république, avec des circonstances que vous connaissez, un dictateur appuyé sur l'armée a dit au peuple : « Voulez-vous oui, ou non, que je vous donne une constitution ? »

C'était, comme aujourd'hui, un plébiscite.

Le peuple terrifié a répondu **oui**, et le dictateur a fait la constitution de 1852, qui, sous le nom de la république, régularisait un état de choses où il n'y avait réellement en France qu'une seule autorité : celle du chef de l'État.

L'année suivante, le chef de l'État a dit au peuple : « Voulez-vous, oui ou non, abolir le nom même de la république et rétablir, pour moi et mes descendants, la dignité impériale héréditaire ? » C'était encore un plébiscite.

Le peuple a répondu **oui**, comme l'année précédente, et l'empire a été rétabli.

Jusqu'à 1860 aucun changement n'a été fait à cet état de choses, que ses partisans appelaient *un régime d'autorité* et que les démocrates et les libéraux ne cesseront d'appeler une véritable dictature.

A partir de 1860, l'opinion publique osa élever une faible voix et demander quelques changements.

On demanda que l'autorité fût un peu moins lourde ; qu'il ne fût plus si facile d'être embarqué pour Cayenne ; qu'à la Chambre on pût discuter un peu plus librement ; que les écrivains de la presse, dont l'utile mission est d'éclairer les citoyens, ne fussent plus traités comme un troupeau d'esclaves auxquels on imposait de dire ce qu'on voulait, et auxquels on interdisait de dire la vérité dont on ne voulait pas.

La constitution de 1852 admettait, par l'un de ses articles, qu'on pourrait y faire des changements. Cette disposition, placée là d'abord pour permettre la transformation impériale, avait du moins l'immense avantage de ne pas fermer, pour la liberté, tout avenir et toute espérance.

Et, à cause de cet article, on put en effet opérer quelques améliorations, sans révolution et sans troubles.

Cependant ces améliorations étaient, au total, fort peu de chose. L'opinion publique n'était pas satisfaite ; un très-grand nombre de citoyens, longtemps admirateurs de ce régime, s'apercevaient enfin que la guerre y jouait un trop grand rôle et que les impôts avaient trop augmenté.

Si bien qu'aux élections de 1869, plus de trois millions de citoyens votèrent pour les candidats de l'opposition, c'est-à-dire pour ceux qui réclamaient encore des améliorations, petites ou grandes.

Et quand la Chambre fut assemblée, on vit paraître environ trente-cinq députés résolus à demander successivement toutes les grandes réformes qui leur semblaient nécessaires au salut et à la dignité de la démocratie. — C'était la *gauche,* et c'est parmi eux que je fus m'asseoir.

On vit, en outre, environ quarante députés qui, sans être démocrates comme ceux de la gauche, demandaient des améliorations plus ou moins notables. Ils formaient ce qu'on nomme le centre gauche. Par suite des réélections partielles, nous fûmes bientôt, en tout, quatre-vingts députés prêts à présenter les réclamations du pays. Et nous eûmes en face de nous deux cents députés officiels dévoués à la politique du gouvernement.

Cependant, parmi ceux-là même, un grand nombre demandèrent bientôt aussi quelques réformes.

Le gouvernement sentit qu'il fallait céder aux vœux du pays, il annonça de bonnes intentions. Il renvoya le ministre Rouher, qui avait tant défendu la détestable expédition du Mexique et tant de détestables choses, qui avait pendant tant d'années serré et usé tous les ressorts du gouvernement personnel.

Ensuite on renvoya les restes du ministère qui avait fait les élections; et, à la place vint, le 2 janvier, un ministère tout plein de belles paroles.

Cela parut bon, et l'on applaudissait beaucoup, car jamais le gouvernement n'avait paru si sincère.

Si bien que ceux qui avaient habitude de soupçonner le gouvernement de duplicité et de mauvaises intentions commencèrent à se reprocher à eux-mêmes leur méfiance.

Et au 24 février 1870, on vit l'opposition tout entière, même les trente-cinq de la gauche radicale, voter avec le ministère. La gauche faisait ainsi connaître au pays son éclatante bonne foi. Oui, à cette date anniversaire, qui restera célèbre, nous avons prouvé que l'ardeur de nos convictions ne nous empêcherait pas de voter les mesures qui nous seraient proposées par le gouvernement lorsqu'elles seraient conformes à nos principes. Nous avons prouvé que c'était par des moyens pacifiques seulement, c'est-à-dire par la parole et la discussion libre, que nous voulions parvenir à toutes les réformes démocratiques dont nous concevions la nécessité plus ou moins prochaine, c'est-à-dire pour établir enfin le gouvernement du pays par le pays.

Il y avait une réforme sur laquelle nous étions d'accord en grande majorité dans la Chambre : c'était l'élection des maires; pour cela un sénatus-consulte très-court suffisait, c'était, pour le moment, la seule modification constitutionnelle à laquelle le gouvernement était obligé.

Quant aux changements que réclamait la gauche, le gouvernement ayant plus de deux cents députés pour lui, pouvait les repousser facilement ou les ajourner à d'autres temps.

Mais ceux qui forment les conseils secrets du gouvernement sentirent qu'en vertu de l'article de la Constitution qui permettait des changements, bientôt les restes de la dictature, les restes du *régime autoritaire,* comme ils disent, disparaîtraient sous la pression de l'opinion publique et devant les réclamations éloquentes de la gauche.

C'est alors qu'ils imaginèrent le sénatus-consulte du 20 avril et le plébiscite.

Le suffrage universel peut être interrogé pour nommer des conseillers généraux ou municipaux, des députés, un président de république, etc., etc. Dans ces cas, le peuple fait des élections.

Mais le suffrage universel peut encore être interrogé sur une ou plusieurs questions ; dans ce cas, il ne nomme pas une personne, mais il dit son opinion sur les questions posées. C'est alors ce qu'on appelle un *plébiscite;* expression composée de deux mots latins signifiant : *déclaration du peuple.*

C'est ainsi qu'on va proposer à l'acceptation du peuple français un plébiscite pour lui demander s'il approuve les réformes faites depuis 1860 et le sénatus-consulte du 20 avril.

Tous les fonctionnaires, tous les maires, toute l'armée administrative lui crieront qu'il doit dire **oui** et allumer des feux de joie.

Or, l'explication du plébiscite est dans le sénatus-consulte, et je viens vous dire ce qu'il contient, en vous avertissant que si vous dites oui sur le plébiscite, le sénatus-consulte sera mis en vigueur à perpétuité.

Comment se fait-il, allez-vous dire, qu'en répondant **oui** sur le plébiscite que l'on me soumet, je donne vigueur perpétuelle au sénatus-consulte, que je ne connais pas et que je ne comprends pas?

Cela vous étonne, n'est-ce pas? et nous aussi; et c'est pourquoi j'ai dû vous avertir.

Apprenez donc que l'article 11 du sénatus-consulte du 20 avril attribue la puissance législative au Sénat, comme au Corps législatif; c'est-à-dire que le Sénat, qui n'est pas nommé par le peuple, mais par l'Empereur, partagera les droits que les députés avaient seuls et devraient seuls avoir.

Ceux qui ne comprennent pas l'importance que peut avoir une Chambre de députés nommés par le peuple diront : Qu'est-ce que cela me fait ?

Voici ce que cela vous fait :

Jusqu'ici, si la Chambre des députés refusait une mauvaise loi, un impôt, c'était une affaire finie; la mauvaise loi et l'impôt restaient écartés; car la Chambre des députés avait seule le pouvoir de faire des lois et de voter des impôts.

Maintenant si vous donnez force et vigueur au sénatus-consulte, en disant **oui** sur le plébiscite, le Sénat aura, comme la Chambre, le pouvoir de faire des lois et de voter sur les impôts.

Et comme le Sénat ne dépend point du tout du peuple, puisqu'il n'est pas élu par lui, et que les sénateurs, au lieu de revenir tous les six ans, comme les députés, renouveler leurs pouvoirs aux élections générales, sont nommés par l'Empereur, et pour toute leur vie, le Sénat, n'ayant aucun compte à rendre au peuple, pourra voter tout ce qui plaira à l'Empereur et à ses ministres.

Ainsi, sous ce rapport, la Constitution nouvelle est beaucoup plus mauvaise; elle respecte beaucoup moins les droits du peuple que la précédente. C'est pourquoi, ne fût-ce qu'à ce point de vue, je voterai **non**.

On lit, en tête du sénatus-consulte, que les principes de 1789 sont reconnus et confirmés.

Or, parmi ces grandes règles du droit national posées par nos pères, l'article 3 disait : « Le principe de toute souveraineté ré-« side essentiellement dans la nation ; nul corps, nul individu « ne peut exercer d'autorité qui n'en émane expressément. »

Et voilà que le sénatus-consulte attribue l'autorité législative au Sénat, qui n'émane pas de la nation.

Ainsi le sénatus-consulte ne dit pas la vérité au peuple, et c'est pourquoi encore je voterai **non**.

Certainement le sénatus-consulte ne dit pas la vérité au peuple quand il affirme que les institutions actuelles sont fondées sur la déclaration des droits de 1789, car l'article 15 de cette déclaration disait : « La société a le droit de demander « compte à tout agent public de son administration. »

Or chacun sait que non-seulement il n'est pas possible d'obtenir comptes des agents de l'administration, mais qu'ils sont protégés contre les poursuites même les plus légitimes; diffamation, calomnie, menaces, destitutions, arrestations arbitraires, tout leur est permis.

L'année dernière, aux élections générales, la nation s'est montrée très-opposée au gouvernement personnel; elle a manifesté un ardent désir de reprendre la direction de ses affaires et d'exercer un contrôle efficace sur le gouvernement, par ses représentants élus; elle s'est montrée opposée au droit absolu de faire la guerre et de faire des traités de commerce qu'avait l'Empereur, et pour lesquels il n'était obligé de consulter personne. On ne voulait pas qu'un homme seul pût jeter toute la nation dans des guerres désastreuses, ou bouleverser toutes les affaires par des traités de commerce. Il n'est si petit négociant, le marchand de peaux de lapin lui-même, qui n'ait à craindre les traités de commerce que pourrait faire le chef de l'État sans que les représentants de la nation soient consultés.

Or le prétendu régime parlementaire installé par le sénatus-consulte, que décide-t-il ?

Lisez l'article 14 :

« L'Empereur ... déclare la guerre, fait les traités de paix, d'alliance et de commerce... »

Ainsi le sénatus-consulte n'améliore rien sur ces sujets si graves, il maintient aux mains d'un seul homme tous ces droits redoutables.

Que ceux qui sont satisfaits de voir qu'un caprice du chef de l'État pourra les jeter dans la guerre ou ruiner leur commerce disent **oui**, s'ils veulent.

Quant à moi qui n'admets pas qu'on déclare la guerre ou qu'on fasse des traités de commerce sans consulter les représentants élus de la nation, je dirai : **Non**.

L'ancienne Constitution pouvait être modifiée, réformée, améliorée par le Sénat, de la manière la plus simple et la plus expéditive.

Aujourd'hui le nouveau sénatus-consulte ne permet aucun changement par d'autres que par l'Empereur.

Lui seul, en vertu des articles 13 et 46, pourra faire des changements et les faire consacrer par plébiscite.

Lui seul a le droit d'en appeler au peuple et de demander des plébiscites.

Le nouveau sénatus-consulte ne permet ni au Sénat, ni à la Chambre des représentants élus, ni au peuple tout entier même, de provoquer et de voter un plébiscite.

On dit au peuple qu'on lui rend sa souveraineté, mais en réalité on la garde tout entière, et on lui défend de s'en servir, excepté quand il convient au maître, et de la manière qui plaît au maître.

Et tant que le peuple sera confiant, ignorant et faible, et que ceux qui poseront les questions le feront avec la ruse et l'obscurité dont ils s'entourent aujourd'hui, tous les changements les plus funestes pourront être surpris, accomplis par plébiscite sur l'ordre du maître, sans que le peuple puisse savoir où on le mène, et sans qu'il puisse seulement desserrer ses liens.

Le pays avait certainement voulu, en 1869, que la Chambre des députés eût de plus grands droits et plus de pouvoir.

On rendit d'abord à la Chambre, en grand'pompe, le droit de faire son règlement intérieur et de proposer des lois, mais on se hâte maintenant de lui ôter le droit exclusif de faire des lois.

Le pays avait certainement voulu que les maires ne fussent plus nommés par les préfets; pour cela il fallait deux lignes d'un sénatus-consulte qui pouvait être voté en une séance aux acclamations du pays.

Au lieu de cela, on nous donne 46 articles d'un sénatus-consulte qui, loin d'augmenter le pouvoir de la Chambre élue, la rejette bien bas dans l'impuissance ; et le gouvernement déclare publiquement que les maires continueront d'être nommés comme par le passé.

Vous tous dont l'esprit n'a pu soupçonner la profondeur des périls que cette volte-face du gouvernement ouvre devant vous, mais qui, dès l'année dernière, étiez mécontents, rappelez-vous que les véritables inspirateurs de ce qui se fait au moment actuel sont les hommes que vos élections avaient condamnés l'année dernière, et qu'en votant **oui**, vous consacrez la perpétuité de ce système condamné.

Et si vous avez le moindre doute, ouvrez les yeux et regardez.

Qu'y a-t-il de changé ?

Ne voyez-vous pas partout, dans l'administration locale, les mêmes hommes ?

Ceux qui viennent vous enjoindre de voter **oui** ne sont-ils pas les mêmes qui, l'année dernière, venaient vous solliciter de voter pour les candidats officieux ou officiels?

Ceux qui vous conseillent de voter **non** ne sont-ils pas les mêmes avec lesquels vous avez voté l'année dernière, au nom de la liberté, et afin d'abattre le gouvernement personnel?

En définitive, on veut vous faire élever, par vos votes eux-mêmes, un obstacle contre vos propres volontés ; car vous désirez des changements, des améliorations, et on vous demande, en votant **oui**, de donner force et vigueur à ce nouveau sénatus-consulte qui devient une barrière contre tout progrès !

On vous dit qu'en votant **oui**, vous assurez le progrès : eh bien, sachez qu'au contraire, à chaque instant ce vote, si vous l'accordez, vous sera opposé comme une interdiction de toute amélioration.

Comprenez-vous bien ce que c'est qu'une constitution pour laquelle il n'y a plus de changements possibles, excepté ceux que voudra l'Empereur ?

Comprenez-vous ce que c'est qu'une constitution où l'Empereur seul dispose et disposera éternellement de votre sang et de vos trésors pour la guerre, de votre travail et de vos entreprises par les traités de commerce ?

Vous vous dites peut-être que, chez l'Empereur actuel,

l'expérience et la maturité de l'âge ne sauraient plus admettre de telles entreprises à la légère.

Pourtant on peut vous répondre que cette maturité s'avance vers la fin inévitable de la vie. Et alors qu'arrivera-t-il ?

Un jeune homme, peut-être encore adolescent, ne sera-t-il pas quelque jour empereur ?

En ses mains, si vous votez **oui**, le pouvoir sera le même qu'aux mains de l'Empereur actuel ; il sera le même, sans que rien puisse le changer. Et ce jeune homme pourra vous jeter dans les guerres et les dépenses folles, sans qu'aucune barrière puisse lui être opposée !

C'est insensé.

Mais, dira-t-on, si au scrutin les **non** allaient l'emporter sur les **oui**, qu'arriverait-il ?

Il arriverait, peut-être, qu'on en resterait provisoirement, en fait de constitution, au point où nous sommes. Certainement le point où nous sommes est beaucoup plus favorable au développement de la liberté que le nouveau sénatus-consulte, et c'est justement pourquoi les conseillers secrets du gouvernement veulent vous faire approuver le nouveau sénatus-consulte qui deviendra la constitution du pays si vous dites **oui**.

Cependant dira-t-on, si les **non** l'emportent sur les **oui**, ne serait-ce pas la constitution de 1852, telle qu'elle était en 1852, qui serait rétablie ?

Non, non, n'en croyez rien. On ne remonte pas le cours des ans et des choses ; la génération actuelle a demandé des progrès ; ceux que les efforts de l'opposition parlementaire et de la presse ont obtenus ne peuvent être anéantis.

Mais nous demandions encore des progrès ; et c'est pour y mettre obstacle et nous fermer la bouche une fois pour toutes qu'on veut vous faire voter le sénatus-consulte.

Si vous ne le votez pas, c'est-à-dire si vous votez **non**, cela signifiera que vous voulez autre chose, quelque chose de meilleur ; par exemple l'élection des maires.

Je n'entends dicter ici le vote de personne. Je conçois que sur ce sujet on puisse éprouver trop d'hésitation pour se décider à voter **non**. J'admets que dans l'impossibilité de voter pour le sénatus-consulte du 20 avril, et dans la crainte de paraître approuver la constitution dictatoriale de 1852, beaucoup de bons citoyens et même d'excellents démocrates s'abstiennent de voter, ou déposent dans l'urne un simple bulletin blanc.

Pour moi qui veux le progrès, je voterai **non** ; car ce qu'on vous apporte n'est pas le progrès, mais plutôt un recul.

Pour moi qui veux que la porte reste grande ouverte au progrès, je voterai **non** ; car ce qu'on vous demande, c'est un verrou énorme, une barre immense pour fermer toutes les avenues par lesquelles peut avancer la liberté.

Il importe que l'empire soit averti, et qu'il sache que vous n'êtes plus disposés à lui remettre, comme en 1852, toutes vos forces et vos volontés, et votre sang et vos richesses.

Plus il y aura de **non**, plus l'avertissement sera profitable.

Comment voulez-vous que l'empire hésite à faire toutes ses volontés, si vous lui dites : Oui, l'empire est excellent ; oui, l'empire est admirable ; oui, nous sommes contents de l'augmentation énorme des impôts ; oui, nous voulons des guerres quand il plaira à l'Empereur.

Car c'est là ce que les **oui** qu'on vous demande signifient dans la politique impériale ; c'est la signification qu'on leur donnera demain.

Hommes de bonne foi, ô mes concitoyens, croyez-vous qu'il serait sage et honnête de vous demander de décider sur des questions de haute science, de médecine ou de mathématiques, sur lesquelles vous n'avez fait aucune étude ?

Évidemment non, vous ne pourriez juger sur ces questions.

Et il en est de même des questions de haute administration et de constitution politique, sur lesquelles on prétend vous faire dire **oui**, sans que vous sachiez de quoi il s'agit.

On veut que vous décidiez tout d'un coup de l'avenir de

votre pays et de vos familles, et on vous le fait tirer à la courte paille. Est-ce là de la sincérité ?

Quand il s'agit de faire un contrat, vous chargez vos hommes d'affaires de le discuter et de le rédiger, car une clause mal rédigée pourrait causer votre ruine.

La constitution est un contrat entre la nation et son gouvernement. C'est en vertu de ce contrat qu'il vous demande des milliards et des centaines de mille hommes pour les envoyer au régiment et à la guerre.

Quel contrat plus important et qui nécessite plus l'examen des mandataires politiques nommés par vous, c'est-à-dire de vos députés ?

Eh bien, non ! le gouvernement ne veut pas discuter le contrat avec vos mandataires, et il veut que vous l'approuviez sans que vous sachiez bien ce qu'il contient.

Mais, direz-vous encore, on prétend qu'il faut choisir entre la liberté et la révolution.

Eh ! ne connaissez-vous pas cet éternel discours ?

L'année dernière, aux élections générales on vous disait aussi que si vous votiez pour moi il y aurait une révolution ; on vous disait que je ferais des émeutes ; et en vérité je me suis opposé publiquement à tout ce qui pourrait amener des émeutes.

On vous disait que j'effrayerais la Chambre et le pays par des discours terribles, et bien au contraire, je n'ai parlé à la Chambre qu'avec une extrême modération.

Ainsi on vous trompait, il y a un an, lorsque l'on me représentait à vos yeux comme un homme de violence et de désordre ; et l'on vous trompe encore aujourd'hui lorsque l'on vous dit que, si vous votez **non**, il y aura une révolution.

C'est bien au contraire si le sénatus-consulte du 20 avril est ratifié que, le progrès pacifique n'étant plus possible, vous serez jetés dans une situation où la révolution violente remplacera tôt ou tard le progrès pacifique.

Je puis hautement dire que je n'ai en rien, ni par mes actes ni par mes paroles, ni par mes écrits ni par mes votes, travaillé à amener cette funeste situation.

Je me suis élevé contre toute tentative qui eût pu amenér du désordre, comme au 26 octobre ; j'ai voté les résolutions libérales qui m'ont été présentées, comme au 24 février.

Quoique j'eusse à vrai dire peu d'espérance, j'ai cherché, — nous avons tous cherché dans la gauche, à faciliter la transformation du gouvernement personnel en un gouvernement représentatif véritable ; non-seulement nous n'y avons apporté aucun obstacle, mais nous y avons donné toute l'aide et tous les bons avis dont nous avons été capables.

On nous a dit de belles paroles.

Mais, tout à coup, le gouvernement s'est retourné et il a imaginé cette manœuvre sans exemple, par laquelle un grand peuple est appelé à voter en toute ignorance l'abdication définitive de ses plus chers intérêts.

On s'écrie que nous voulons la révolution violente...

J'ose dire, à la face de mon pays et de l'histoire, que c'est une imposture contre laquelle s'élèvent tous nos écrits, nos discours et nos actes.

Nous voulions le développement pacifique et régulier de la liberté et des institutions démocratiques véritables.

Nous étions du parti de tous les honnêtes gens qui, en France, veulent ce développement pacifique, et contre tous ceux qui veulent des coups d'État et des violences.

Eh bien, encore une fois, le sénatus-consulte pour lequel on vous demande de voter **oui** ferme la marche du progrès régulier ; et c'est de là que, tôt ou tard, sortiront des violences, des coups d'État et peut-être des massacres.

Appelé, non comme député mais comme citoyen, à voter et à discuter, pendant la période plébiscitaire, le sénatus-consulte du 20 avril,

Sans m'arrêter aux interprétations contradictoires qui prétendraient faire passer la souveraineté du peuple français par le trou d'une aiguille

J'ai dit mon avis avec sincérité; je crois l'avoir discuté avec modération.

Et j'espère que mes concitoyens, quelle que soit leur opinion sur le sujet de cet écrit, m'en rendront témoignage.

Paul de JOUVENCEL.

24 avril 1870.

P. S. Quelques-uns de mes amis se sont étonnés de ne pas voir mon nom joint à la déclaration de plusieurs de mes collègues et des délégués des journaux.

Sur ce point, je dois dire que la gauche avait d'abord reconnu, à l'unanimité, la nécessité de voter NON et de faire connaître son sentiment par un acte collectif.

Plus tard, quelques-uns de nos collègues ayant résolu de faire un manifeste conjointement avec MM. les délégués des journaux, mais d'autres membres de la gauche, en nombre à peu près égal, s'y refusant pour divers motifs, j'ai déclaré que l'action distincte de nos collègues avec les journalistes devant avoir pour résultat inévitable d'empêcher l'action collective de la gauche qui me paraissait nécessaire, je m'abstiendrais, afin de ne point prendre part à une division momentanée, mais d'autant plus regrettable qu'au fond, je le répète, nous étions unanimes.

PARIS. — J. CLAYE, IMPRIMEUR, 7, RUE SAINT-BENOIT. — [774]

EXPLICATION

DU

PLÉBISCITE

PAR

PAUL DE JOUVENCEL

DÉPUTÉ DE SEINE-ET-MARNE

PRIX : **25** CENTIMES.

PARIS

A. SAUTON, LIBRAIRE-ÉDITEUR

8, RUE DES SAINTS-PÈRES, AU PREMIER.

—

AVRIL 1870

Afin d'aider la circulation de cette brochure, le prix du cent d'exemplaires est fixé à 10 francs, payables en mandats ou timbres.

Adresser les demandes à l'éditeur A. SAUTON, *8, rue des Saints-Pères, à Paris.*

PARIS. — J. CLAYE, IMPRIMEUR, 7, RUE SAINT-BENOIT — [752]